별일 없다고 대답했다

문학들 시인선 010

정채경 시집

별일 없다고 대답했다

문학들

**시인의 말**

나의 시로 누군가에게
기도하게 할 수 있을까?
나 외에 누가 내 시에 귀 기울여 줄까?

2021년 가을
정채경

차례

5    시인의 말

**제1부**

13   사랑 복용 시 주의사항 1
14   속수무책
16   인간의 조건 1
18   별일 없다고 대답했다
20   믿어서는 안 되는 것들
22   중독자들
24   그 후
26   벽 속으로 사라진 가족사
27   어머니는 왜 돈이 없었을까
28   잠자리에게 드리는 경고
30   춤꾼
31   슬픈 농담

**제2부**

35　사랑 복용 시 주의사항 2
36　인사
38　계산기와 애완견
40　동행
42　무리였다
44　인간의 조건 2
46　맹인의 산책
48　숨쉬기 운동
50　풍경
52　신전
54　삶이 순하고 착해서
56　주름
58　우산 사용법
59　대리인을 자처하며

**제3부**

| | |
|---|---|
| 63 | 사랑 복용 시 주의사항 3 |
| 65 | 운명의 가면 |
| 66 | 한여름 밤의 합창 |
| 68 | 호모 사피엔스 |
| 70 | 느린 당신을 위하여 |
| 72 | 아버지, 당신의 천국 |
| 74 | 이웃 |
| 76 | 인간의 조건 3 |
| 78 | 어이없는 비극 |
| 80 | 동물 장롱 |
| 82 | 정의는 뭔가요 |
| 84 | 두드려라 더 세차게 |
| 86 | 입춘 |
| 88 | 하루 |

**제4부**

- 93　나를 세울 집이 필요하다
- 95　적과의 동거
- 96　뉴스 1
- 98　반려견
- 100　붉은 양파
- 102　뉴스 2
- 104　압록강
- 106　어디로 가야 하나
- 108　지금도 신분제 사회인가
- 110　파이터
- 112　알 수 없는 것
- 113　뉴스 3

114　**해설 시와 불화의 감각** _ 신덕룡

**제1부**

# 사랑 복용 시 주의사항 1

사랑의 성분이 몸속에 퍼지게 되면 열꽃을 피우고
온몸 간질간질 마구 웃음이 터지는 당신
평소 심장이 어디에 있는지도 모르다
심장의 격한 반응에 놀라 주위를 둘러본다
선명한 별무리들이 분주히 움직이고
은하수가 뽀얗게 뿌려진
아무리 봐도 여기가 지구는 아닌 듯
갑작스런 복용으로 인한 혈압 상승은
창문을 내리치는 별빛의 공격으로 소란스럽다

부작용으로 인한 혈당 저하로 정신이 혼미하거나
복용 중단으로 금단 현상에 시달리는 당신
명치끝이 아파 몇 걸음 걷지 못하고
몸을 구부리는 당신

심장병, 불면증, 과대망상증, 노이로제, 위장병이 있는 분은
복용 전 반드시 문의 바랍니다

## 속수무책


처마 밑 거미가 쳐 놓은
끈끈한 덫에 잠자리가 걸려들었다
움직일수록 더 말려드는 거미줄에서 도망치려
천둥 치듯 온몸을 던져 보지만
솜털 같은 거미줄은 오후의 느긋하고 나른한 시간 속으로
잠자리를 더 깊게 끌어당기고 있었다
달아나 보려 쉬지 않고
저 자신의 머리로 수없이 허공을 들이받으며
줄을 끊어 내려 필사적이다
잠시 미풍에 실려 오는 금목서 향기에 취해 있을 때
덫에 걸린 그에겐 얼마나 긴 수치의 시간일까?
뜨거운 태양은 거미줄을 조금 더 끌어당긴다
투명한 덫에 힘을 잃고
치욕스럽게 축 늘어져 내려온다
배추흰나비의 날갯짓은 소리 없이 오후를 밀어내고
마당 귀퉁이 메뚜기도 폴짝폴짝 풀섶을 뛰고 있을 때
고요를 찢듯 울려 퍼지는 풀벌레 울음소리,
먹잇감을 지켜보던 거미가
서서히 움직이기 시작하는데

파란 하늘 하얀 뭉게구름에 포커스를 맞추던 파파라치
시골 빈집을 지나치다
생의 알리바이를 줌인 줌인 담고 있다

# 인간의 조건 1
− 모든 인간은 사형수다


백여 미터가량 일정한 간격으로 서 있는 죄수들
사형 선고를 받은 죄수들 앞에 공안 요원이 총을 메고
명령이 떨어지면
가차 없이 심장을 명중시킬 긴장된 눈빛이다

손과 발이 묶인 죄수들 등 뒤로
청명한 하늘의 뭉게구름과 함께
생의 활력과 애수가 도망친다

몇몇 죄수들
과녁이 되어 목이 꺾이고
허리가 무너지는 동료들을 지켜보는 찰나
그 어느 때보다 힘차게 뛰고 있는
자신의 심장을 느낀다

중국 교도소 사형 집행장
한줄기 섬광처럼
차갑고 예리하게 뚫고 올 고통을 직시한 채
아마, 이것은 꿈일 거라는 눈빛들

꿈에서 깨기 위해 격렬히 몸부림쳐 보는데
한 번 시작한 총성은 쉴 새 없이 하늘로 튀어 오른다


들끓는 몸속의 피톨들이 모음으로 타들어 가고
숨바꼭질 같았던 시간도
생사에 관심 없이 멀리 계신 신을 찾는 시간도
어둠으로 몰려와 회한의 눈동자에 고여 드는데

# 별일 없다고 대답했다

TV는 오늘도 살생의 추억으로 시끄럽다

나는 밥상 앞에 앉아 갈치조림을 먹는다
녹조 현상으로 물고기가 은빛 뱃가죽을 드러내고
푸른 들녘에 뿌려대는 살충제로 꿈틀대던 벌레들이 굳어 갈 때
저 너머 세계에서는
신의 이름으로 자살 테러를 감행한다

차를 마신다 구덩이를 파고
오리 떼를 쏟아붓는다 포클레인의 거대한 손이
불가항력으로 거대한 무덤을 만들 때
살갗의 땀구멍마다 소름이 돋아 오싹한 양팔을 문지른다
오리들이 무덤 속에서 빠져나오려 필사적으로 뒤뚱거린다
살 처분했던 오리들의 울음소리가 땅속에 고여
메아리칠 때 전화벨이 울린다

친정 엄마의 목소리가 전화선을 타고 흐른다
—요즈음 왜 이리 조용하다냐?

TV 속 예멘의 8살 소녀가 40대 남자와 결혼을 했다
가난한 집 9명의 식구를 책임지기 위해 지참금을 받고
호랑이 굴속으로 던져졌다 어린 소녀는
다음 날 심한 장기 손상과 출혈로 죽음을 맞이했는데
—별일 없냐?
—응, 별일 없이 잘 지내!

# 믿어서는 안 되는 것들
- 4월 16일

보름달이 낮게 뜨면 밀물이 높이 솟아
달은 바다에 거의 잠길 정도였다
배에 사다리 기대 놓고 공중제비를 하면 오를 것 같았다

달빛 아래서 벚꽃을 바라보며 전지전능한
그는 외로웠을까?
그의 권태로운 평화는 외로움에 몸을 떨었고
촛불처럼 빛나던 동백의 목이 떨어진 채
남녘 곳곳이 타올랐다

바람의 무사들 번뜩이는 칼날로
아직 피지도 않은 꽃봉오리를
가지에서 예리하게 도려내던 날
평화로운 연주의 약속은 물거품이 되고
불변할 줄 믿었던 그의 사랑은 신기루가 되었다

바닷속 암초들이 한바탕 소용돌이를 일으켰다
바람의 무사들은 시키는 대로 하면 목숨만은 살려 주겠다
어린 학생들 줄 세워 얼음 땡 놀이로 대기 시켜 놓은 다음

잔인하게 배를 뒤집어 놓고
검은 뗏목을 타고 산으로 도망쳤다


동상이몽 같은 물결이 창문 틈으로 밀려들어 와
가라앉았던 봉오리들 한 잎 한 잎 빨갛게 피어나기 시작했다
피어난 꽃들이 가득한 배는 꽃상여가 되어
파도에 뭉개지는데

## 중독자들

검은 아스팔트에 비가 오면 장미가 피어나길 바라는
너의 머릿속은 바빠진다
경쟁 구역에 칼이라도 꽂는 모사를 꾸미는지
덩치 큰 몸에 바코드처럼 새겨진 용이
셔츠 목 언저리에서 팔뚝으로 뻗어 꿈틀거릴 때
허름한 동네 카페 안의 빈자리가 하나둘 채워진다

웹툰에 낄낄거리며 아메리카노 한 잔에 자신을 바치는 백수
눈빛은 쉴 새 없이 게임 화면을 쫓느라
오므린 입술에 얼굴 근육까지 씰룩거리는 폐인
겹겹의 가면을 써야 될 미래에 벼락 맞을 확률을 꿈꾸며
로또에 목을 매는 광인
익숙한 불행에 탐닉한 그들에게
카페 유리창 넘어 빚쟁이처럼 어둠이 몰려오는데

외롭고 지루한 노동에 지친 그녀는 위로받고 싶다
케이크와 도넛 그리고 캐러멜 마키아토가
목을 타고 씁쓸하게 온몸 젖어 드는 순간

이것보다 더 좋은 형이상학은 없다
빠져들고 싶은 취미 하나 찾지 못한 채
그렇다고 절절하게 사랑할 대상도 찾지 못해
몸은 낯선 행복을 멀리하는데

누추하고 막막한 어둠을 밝히며
길고양이가 하나둘 돌아온다
고양이 울음소리는 적요한 골목에 엎질러져
창문에서 흘러나오는 컴퓨터 화면의 물결 위에 내려앉아
독거인을 다독여 주는 위로처럼
밤새 출렁 출렁 출렁

## 그 후

신의 뜻에 거역했을까
신의 뜻에 따라 부름을 받아 떠났을까?
당신이 외롭게 가고 난 후

아무도 오지 않았다 아니
오지 못했다
당신이 간 뒤 한 달이 가고 두 달이 가고
전기료, 수도료, 가스비가 우편함에서 쌓여
다급한 누군가 당신의 현관을 두드리면
그때서야 당신의 죽음은 문밖으로 흘러나올 것이다

비밀스러웠던 시간만큼 넘쳐나는 벌레들이 당신 곁을 맴돌고
건장했던 몸에서 흘러나온 슬픔이
바닥과 벽에 깊이 파고들었을 것이다
역한 암모니아 냄새가 코를 쏠 것이다

버킷 리스트가 벽지와 함께 떨어지고
당신이 끝까지 대화를 시도했던 세탁기를 밖으로 끌어

내고
　콘크리트 사방에 분무기로 화학 약품을 뿌려대며
　고독했던 당신의 흔적을 지운다

　왜! 내 집이냐고 길길이 뛰는 주인아주머니
　문을 열고 나오려던 특수청소부*가
　주인과 눈이 마주치자 다시
　문을 닫고 숨죽여 기다린다

　초라한 유품들은 봄날의 아지랑이처럼 냄새를 뿜어 올리고
　이 일을 하는 사람들은 다 돈 벌려고 하는 일이라며
　그들은 말한다 이 일은 망할 수가 없다고

* 고독한 죽음의 현장을 정리하는 청소 노동자.

# 벽 속으로 사라진 가족사

가화만사성이란 액자를 떼어 내고 어머니가
벽 속으로 들어가셨다
차례대로 어머니의 어머니가 들어가고
아버지의 아버지가 내려다보는 가운데서
어머니의 아버지가 들어가셨다

윗대의 돌아가신 벽 속 하얀 흔적이
퀴퀴한 담배 연기와 한숨 소리와 신음 소리에
경계가 무너져 더 이상 구별되지 않았다
노역으로 찌든 주름과 독한 담배 연기로 검게 그을린
아버지의 아버지가 아닌
소를 몰며 이랴 이랴, 워워 외치던 아버지가 아닌
밭에 김을 매고 논에 피를 뽑던
앙상하게 굽은 등이 아닌
꼿꼿하고 정갈한 모습의 어머니

일 년에 한 번
진수성찬 앞에 인자하고 다정한 모습으로
두 분 나란히 벽에 기대앉아 계셨다

# 어머니는 왜 돈이 없었을까

씨를 뿌리고 땡볕에 김을 매고
지는 해를 등질 때까지
어머니는 낫처럼 휜 허리로 나락을 베었다

수확물은 아버지의 전답 문서가 되었고
어머니는 7명의 자식을 낳았다

거울을 비춰 보며 콧등에 분첩을 두드리고 있었을까
상점의 유리를 들여다보며 예쁜 구두를 탐했을까
철마다 꽃놀이 물놀이 단풍놀이를 즐기며 시간을 낭비했을까
벽에 걸린 어머니의 사신은 너무도 평면이다

거친 주름과 저승꽃을 숨긴 채
광대뼈가 도드라진 얼굴
날아갈 듯 가벼운 어머니를 붙든 저 브로치는 알까요?
대지의 주인이셨던 어머니는
문서 따위는 필요치 않았다는 것을

## 잠자리에게 드리는 경고

경비실 게시판 행동 수칙들을 바람이 흔들어 댄다
허공의 그물에 걸려들지 않게 주의 바랍니다
거미줄은 높이 제한도 없으니 착오 없으시길
혹여 집중력을 잃고
처자식을 등에 업은 날갯짓은 삼가시길

경비원 부산하게 재활용 분리대 캔을 굴리다
대빗자루에 앉아 붉어질 단풍을 보며 잠시 한숨을 쉬다가
음식물 쓰레기통의 냄새를 핥다가
주차 단속 딱지 풀에 발목 붙들려 날개를 파닥거린다

발코니에서 담배 연기 위층으로 올려 보내지 마라
집 안에서 애들이 좀 뛰어놀 수도 있다고 말하지 마라
어둑한 새벽부터 차 빼 달라고 방송하지 마라
제발! 이따위 불합리한 말들은 삼가란 말이오

자신을 옭아매는 그물에 시너를 뿌려
거미집에서 탈출한 죄
바닥을 구르는 자가 감히 날갯짓하며

5층에서 던져 주는 음식 고맙게 받아먹지 않은 죄*
휴일 아침 일찍 태극기 게양 안내 방송하며 죄송하다고
하지만 지금은 일어나야 할 시간이라며
입주민들 가르치려 한 죄 엄히 물어야겠소!

아파트 숲 거미들이 실을 뽑아 집을 짓는다
촘촘하게 짜인 수사망에 걸려든 잠자리
허공에 매인 십자가처럼 바람에 흔들리고 있다

---

* 입주민의 비인격적인 폭언과 모욕에 분신사실을 기도한 경비원이 끝내 고통
받다 사망한 사건.

## 춤꾼

새벽까지 요란하던 빗소리 멈추자
팔랑팔랑 노랑나비들 어디서 왔을까?
백일홍 향내에 부산한 날갯짓
꽃잎이 버거운 속살 한 겹 벗어 놓는다

산들바람에 취해 갈지자를 그으며 떨어지는 나뭇잎
바람과 함께 몇 바퀴 원을 그리다 다시
방향을 바꾸는 부전나비를 닮은 은박 껌 종이
말간 햇살에 머리를 흔들며 달리는 놀이터의 목마
자신을 묶는 틀을 뛰어넘으려
쉼 없는 전진과 후진을 거듭하는 그네
놀이터 벤치 누군가의 손에서
흔들리며 비워지는 맥주 캔
바람과 놀다 결국 웅덩이 흙탕물에
몸을 담근 하얀 휴지 조각

나는 구름 속의 햇살처럼
온몸으로 바람의 결을 읽고 있다

## 슬픈 농담

건강했던 아버지는 가끔 확신에 차
병이 들어 거동조차 못 하게 되면
구차하게 목숨을 구걸하지 않고
곡기를 끊겠다고 다짐하셨다

아버지는 숨쉬기가 버거워 산소 호흡기를 쓰셨고
콧줄로 식사를 하고 약을 꼬박꼬박 드셨다

고통 앞에 착한 짐승이 되었다

**제2부**

# 사랑 복용 시 주의사항 2


간격을 무시하고 사랑을 한꺼번에 너무 많이 들이켠 당신
여기가 여우각시별인지 어린왕자별인지 구분하지 못하고
UFO에 잘못 탑승한 당신
이 별에서 연애는 습관이고 중독이고 삶이지만
결혼은 고리타분한 선택이라는 것을 모른 채
사랑은 직진이라더니, 결국
제 자리로 돌아와
탈진으로 몸을 떠는 당신

사랑의 구성 성분에 대해 무지한 당신
사랑은 용법, 용량이 정해져 있지 않으니
복용 시 주의 바랍니다

# 인사

 당신은 나보다 먼저 서울로 올라가 대학생이 되어 양키는 물러나야 한다고 최루탄과 맞선 매운 편지를 보내곤 했지요
 아카시아 한 잎 한 잎 떼어 내며 멋진 체 게바라가 된 당신을 많이 아껴 주겠다 다짐했지요

 우거진 잎사귀만큼 무성했던 매미 소리가 스러지고 눈보라가 교회당 창문을 두드릴 때 당신은 선물처럼 나를 기다렸지요
 솟아나는 눈발만큼 신이 난 내게 멀게만 느껴지던 사랑과 혁명과 인간적이지 않은 인간 너머의 세계에 대해 가슴속에 작은 씨앗 하나를 던져줬죠

 씨앗 속에서 촘촘히 박힌 세포들은 기지개를 켜고 수백 수천의 잎들로 곡선과 직선을 뻗어 작지만 견결한 나무가 되었지요
 하지만 흐드러진 나무 위의 새가 되고 별이 되어 주지 않았지요 당신은

나무 잎사귀에 그리움을 대신한 달빛이 물들었고 새벽에 반항하는 안개들이 다녀가고 빗방울들이 잎들의 말들을 거두어 갔지요
　그 빗방울들의 말을 들었나요?
　빗방울들의 말을 떠올리며 가방을 꾸렸지만 항상 정해진 규칙 안에서만 이 나무를 키울 수밖에 없었지요
　그래서 나무를 더 잘 키웠는지 모르죠

　해 질 녘 바람은 당신이 또 다른 나무에 목을 매었다 알려 주었지요
　언젠가 기어코 당신을 찾아, 3년 동안 근사미 세 병을 마시고도 죽지 않은 그 나무 밑으로 당신을 끌고 갈 것이니
　그때까지 이 나무를 심던 때의 향기로운 눈짓과 그 입맞춤을 잊지 말아야 해요

# 계산기와 애완견

노인은 계산기로 하루 일과를 시작한다
통장마다 쌓여 가는 이자와 건물의 임대료를 거둬들이며
숫자에 숫자를 더하는 시간만큼은
도무지 싫증이 나지 않는다
노인의 곁에서 꼬리를 흔들며 관심을 얻으려 하지만
애완견은 늘 계산기 사각 틀 밖에 있다

계산기는 날마다 건물주 사색에 눈덩이가 된다
작았던 눈덩이는 계산기를 두드리면 두드릴수록
노인의 예금 잔고가 늘어나고 건물이 더 높이 올라간다
자꾸만 커져 간다 더 이상 노인이 굴릴 수 없는
덩어리가 되어 갈 때 그것은
존엄성이 되고 가치가 된다

애완견은 심상치 않은 낌새에 관심을 얻으려
계산기에 열중인 손을 핥고 자신의 꼬리를 흔들고
벌러덩 누워 따뜻한 눈길 한 줄기 기다리지만 주인은
계산기를 쳐다보며 흐뭇한 미소만 지을 뿐

틈을 타, 성역 불가침이었던 계산기에 침을 흘리고
근질근질한 이로 숫자를 물어뜯는다
급기야 노인의 눈덩이를 굴리던 계산기에
따뜻하고 시원하게 방뇨한다 봄눈 녹듯
숫자가 지워지고 이자가 사라지고 건물이 녹아들고…

# 동행

사랑을 따라 바람같이
금성으로 갔다 그곳에서 나는
사랑의 슬픔을 탐진하며
생의 짧은 시간이
그 전과 그 후, 몽롱해진 경계가
어둠 속으로 들어가는 것을 바라다보았다

내가 잠들어 있을 때 또 다른 내가
컴퓨터 앞에 앉아 새로운 기획안을 짜며
조직의 한 조각 부품이 되어
수차의 톱니바퀴를 밀어 올리듯 쉼 없이
종아리 근육에 시간의 태엽을 감는다

오랫동안 연민과 동정으로만 바라보던
눈이 빼꼼하게 째진 스토커와
꽃밭 속에서 아이들을 키우고
숨 막히게 사랑받고 있는 내가 보인다

수많은 내가 나의 부재의 틈을 메우기 위해

내가 가지 않는 길에서
또 다른 내가 태어나고 거듭 태어나서
천왕성에서 지구에서 가장 먼
꿈에도 닿고 싶었던 명왕성으로 돌아온다

# 무리였다

내가 수저의 색깔을 선택할 수 있게 해 달라고
부탁한 것이 무리였다
내가 누군가 함부로 사랑한 것이
결혼이란 개나리꽃 울타리를 치고
백일홍 수국 달리아를 일구고 아이를 낳고
부모가 된 것이 무리였다
월급으로 꼬박꼬박 적금 부어 내 집 마련 꿈을 꾼 것이
안심대출이 서민을 안심시키는 대출로 착각한 것이
보수와 진보가 갑과 을이 서로
이해하고 배려할 수 있다고
믿었던 것이 무리였다
유명 대학 실험실을 빌려 쓴 논문도 없이
수시로 아들을 명문대에 보내려 했던 것이
전 부치는 것도 가르치지 않은 채
아들을 장군 공관병으로 군대에 보낸 것이
권력을 향해 질주하던 욕망이
먹이 사슬과 천적에 붙들려 추락하는 것을
비웃었던 것이 내겐 무리였다

숲속 새와 꽃들의 내밀한 이야기에 귀를 열어 보겠다는 것이
  나의 눈짓보다 빠른 바람의 결을 읽으려 했던 것이
  봄밤이 밀어 올린 밤하늘의 총총한 별들에게
  손을 뻗으려 했던 것이
  더 이상 잃을 것도 없다고
  구차하게 버텨 호모 사피엔스의 존엄성을 훼손한 것이
  나는 관할권 밖에 있으면서
  몇 날 며칠 동안을 울며 신에게 매달렸던 것이
  자신을 기만하기 위해 허공에 희망을 던지며
  설레었던 것이 내겐 무리였다

# 인간의 조건 2
- 어느 시간에도 희망보다 더 강한 것도, 희망보다 더 오래 살아남은 것도 없다

해 질 녘 아버지 홀로
잔디 수북이 쌓인 거대한 무덤 속에 누워 있다
꽃들의 종소리에 눈을 떴다고
무덤 옆에 핀 흰 금낭화와 제비꽃을 오가는 나비를 쳐다보다
문득 저곳이 아닌 이곳에 유배된 자신을 깨닫고
길을 찾으려 주위를 두리번거린다
저 너머가 아닌 이곳에 있어야 할 이유가 없다
아버지는 꽃과 나비로 둘러싸인 무덤에서 황급히 일어났다
누가 자신을 거기에 가두기라도 한 듯
바삐 왔는데 무엇을 하려고 왔는지 잊어버렸다는 듯
이곳에서 뭘 어떻게 해야 할지 모른다는 듯
한참을 서 있던 아버지
이곳을 빠져나갈 방도를 모른다는 듯
홀로 내던져져 밀려오는 어둠에 잠겨 들고 있다
누가 자신을 이곳에 데려왔는지
경계 밖으로 언제 나가야 하는지
눈빛은 두려움과 셀렘으로 엇갈리고 있다

불현듯 휘파람 같은 바람 소리에
어둠 위 센서등처럼 달이 뜨고
아버지는 또 다른 무덤을 향해 걸어가고 있다

## 맹인의 산책

 햇살은 나뭇잎들 사이에서 분주하게 반짝인다 맹인은 공원 벤치에 앉아 책을 읽고 중학생들이 모여 봉화처럼 뿌연 담배 연기 피워 올린다 아이들은 밀어 올린 말랑말랑한 물방울을 쫓느라 연신 무지갯빛 웃음이 터진다

 맹인은 무릎 위에 내려앉은 아카시아꽃을 더듬으며 마음 한 켠에 수없는 단어들을 썼다가 문질러 지운다 그럴 때마다 아카시아 향기와 벌들의 붕붕거림이 미풍에 실려 오고 높은 하늘의 구름은 더 가벼워졌다 옆에 앉은 노인 팔뚝에 새겨진 인내라는 글자가 지팡이와 함께 일어선다 검버섯과 함께 흔들리는 인내가 노인을 끌며 출구를 향해 엇박자로 걸어간다

 맹인이 책장을 넘기면 옥좌에 앉은 성모와 아기 예수의 섬세한 옷자락이 손을 스친다 옥좌 옆 천사들이 날개를 파닥거리며 나팔을 불 때 황금색 태양의 아우라는 절정을 이룬다 성인은 비둘기를 향해 설교를 하고 맹인은 플라타너스 잎을 어루만지며 영혼의 그늘에 성인의 표정을 메모한다 그는 제 안의 어둠을 빛으로 채우려 두 손을 모으며 찬

송가를 부른다

  맹인은 불안하고 우울해 보이는 유토피아 풍경을 어떻게 그릴 것인지 고민한다 초여름 대기와 햇빛을 표현하기 위해 종일 공원의 벤치에 앉아 연구한다 그의 눈은 끝없이 펼쳐진 풍경의 끝 소실점에 붉은색 태양을 그려 넣는다 그는 도달할 수 없는 소실점을 향해 지팡이를 두드리며 걸어간다

# 숨쉬기 운동


게으른 종자들아!
숨쉬기보다 쉬운 것이 어디 있냐?

잘 안다, 숨쉬기보다 더 어려운 것이 없다는 것을
좌절에 꺾인 숨을 명치끝에서 끌어내지 못했던 것을
마취에서 깨어나 통증이 온몸을 물어뜯을 때
숨쉬기조차 거추장스럽다는 것을
안다, 할머니가 돌아가시기 전
지금껏 남아 있는 모든 열정을 쏟아
자신의 수틀을 얼마나 고결하게 완성하려 했는지를

모른다, 사랑하는 사람과 손을 잡고 오솔길을 걸을 때도
서로에게 갈증을 느끼던 거친 숨소리에도
들고 나는 숨조차 모른다는 것을
하는 일 없이 무기력으로 일관하던 때도
묵묵히 나를 증명하기 위해 내쉬었던 긴 한숨

모른다, 그보다 더 쉬운 것이 없다는 것을
안다, 그보다 더 어려운 것이 없다는 것을

어떤 틈새도 허용하지 않고
오로지 자신만이
들고 나는 힘이라는 것을

## 풍경

산 밑 농가에 앉아
들려오는 풀벌레 소리를 구별하는 동안
노랑나비 흰나비들이 유리창 앞을 왔다 갔다

마당 귀퉁이에선 고양이가 쏜살같이 쥐를 덮쳤다
장난감이 된 쥐는 이미
도망갈 생각도 하지 못하는데

흡사 새끼 사자를 연상시키는 눈빛은 어슬렁어슬렁
납작 엎드린 쥐에겐 관심도 없다
마당에 날고 있는 노랑나비를 쫓아 사뿐사뿐
허리를 낮추고 고개를 당기고 꼬리를 내린 채 한 발 한 발
사냥감의 방심을 읽었을까? 순간
마당이 파일 만큼 날렵하고 유연한 몸짓으로
점프, 허공을 가르며 앞발로 나비를 낚아챘다

왜 고양이를 나비라고 부르는지 아득해질 때
나비가 노란 꽃을 물고 45도로 눈빛을 틀어
유리창 앞을 응시하다 사라진다

마당엔 다시 하얀 나비가 찾아오고 까만 물잠자리도 끼어들고
아무렇게나 버려진 수박씨가 넝쿨을 뻗어
나비가 굴리고 놀 수 있는 털실 뭉치만 한 수박 한 덩이
햇볕에 몸집을 키우며 붉은빛 속살이 들어차고 있다

# 신전

전도사는 두 손을 모으고 회의주의자들에게
설득력 있는 어조로 교리를 전파하고 있었다
신전 안은 소원을 이루기 위한
성물들로 가득 차 있었다
나이키, 헤르메스, 헤라, 크리스찬 디올······

열정에 사로잡힌 눈빛과 심장은
거액의 현금을 내주는 데 주저하지 않는다
헌금의 대가로 받은 명품을 품에 안고
신의 은총이 항상 함께하기를 빌며
벅찬 얼굴 근육들이 활짝 당겨진다

신전의 문은 누구에게나 열려 있으며
거기서 뿜어져 나오는 아우라는
양심을 긁는 어떠한 설교도 하지 않아
신자들은 사치와 탐욕과 분수에서 자유롭다

시계가 없고
창문이 없고

장례 용품이 없는 천국
그곳으로 진입하기 위한 긴 자동차 행렬이
도시를 마비시키고 있다

# 삶이 순하고 착해서

이모는 아기처럼 쌔근쌔근 잠을 잘 잔다
남편의 강짜에 눈 밑에 퍼렇게 그늘이 내려앉아도
사고로 남편을 보내고 주위에 떠밀려
소송을 준비하던 때도
절대 자신의 고통을 남에게 내비치지 않았다

남편을 땅에 묻고도 끄덕끄덕 잠은 오고
꼬르륵 주린 배는 밥을 달라 아우성이더라
때맞춰 밥 먹고 잠 한숨 자고 나면 다 살아지더라고

나이 서른다섯에 혼자되어 자식 셋을 키울 때
팔자 고칠 뻔한 남자가 있었다
끼니를 거르고 남자를 경계하는
자식들의 불안한 눈빛 때문에
돌부리 자갈길을 몇 날 며칠 터벅터벅 혼자 걸었다고

이제 편히 모신다며 요양원을 알아보느라 분주한 아들
자식의 마음을 읽을 수 없는 이모는 더없이 행복하다
결혼하는 손자에게 자신의 집까지 내어 주고

그저 잘 먹고 한잠 자고 나서 말갛게 웃어 주는
백지 같은 아기가 되어

방금 전 약을 먹고도 기억하지 못하지만
40년 전 폭풍이 몰아치던 때의 기억은 생생하여
순하게 잠든 몸과 움푹 패인 착한 눈동자
자꾸 움찔거리는데
이불을 덮어 주듯 목화솜 같은 봄눈이 내린다

# 주름

부모 때문에 침해받는 자식의 자유
부모보다 자유를 더 사랑하는 자식들

기억의 한 장면 한 장면을 지워 가는 아버지
지척에서 지켜보는 일이 두려웠을까?
잘 가라며 눈썹 한 번 치켜세우며
무뚝뚝하게 인사하는 아버지 뒤로
아들은 요양원 문을 나서며
한참 동안 하늘을 쳐다보았다

내가 여기로 오고 싶다고 했소!
자식들도 살아야 하고 짐이 되기 싫었으니까
5명의 아들에 4명의 딸 30명의 손주를 둔 아버지
찾아오는 사람이 아무도 없다

빗장 걸어 잠그며 불안에 떨었던 밤들도
아픈 몸을 호소해도 눈 하나 까딱하지 않던 의사도
밥에 독약을 탔던 요양보호사도
내가 살아 있다는 사실을 잊어버린 자식들도

이제 다 잊어버렸다

누구도 이탈할 수 없는 질주하는 행렬 속에서
나라고 믿었던 기억들은 머릿속에서
한 장 한 장 시간에 의해 날아가 버린다

한 줄 두 줄 깊어 가는 아버지의 주름 사이
당신이 마지막까지 기억하고 싶은 것은 무엇이었을까?

## 우산 사용법

사랑의 아픔과 궁핍을 막아 드릴게요
우산 속에서 어깨를 나란히 하며
빗방울 톡톡 튀는 밀어를 속삭일 수도 있고요
너무 가까운 간격이 부담스러워
우산 밖을 뛰쳐나가 보란 듯이
저만큼 걸어가 뒤돌아보지 않을 수도 있겠지요 싸우다
뾰족한 우산 끝을 당신 목 천돌에 겨눌 수도 있고
번개처럼 쏘아대는 당신의 눈에서
빗방울 같은 눈물을 흐르게 할 수도 있지요
그래도 굴복하지 않는다면
우산 손잡이 물음표에 당신의 목을 끼워 넣으며
당신에게 난 무엇인가요?
당신이 대답할 때까지 비바람 속을 끌고 다닐지도 모르죠
여러 화해법이 있지만
풀리지 않은 수수께끼를 쥐고
우산을 받쳐 든 손을 따라 올라
한없이 구름 속을 날고 싶은데
비가 그치고 나면 버려질 우산 속에서

# 대리인을 자처하며

그분이 기뻐하시는 천국을 만들자 했단다
신도 5명을 사랑이란 이름으로
성적으로 길들인 목사에게
정직 6개월의 처분이
교회 재판국에서 내려졌다

새 언약으로 통치하는 분은 많은 대리인을 보내셨지만
결코, 책임지지 않는다

교회 첨탑의 피뢰침처럼 갈라진 혀로
우리를 창조하신 분만이
목사님을 징벌할 수 있다
교회가 무너지면 너희들의 죄가 크다
생명의 진리를 알려 주신 아버지께서 이미 용서하셨다
외침에 가려 피해자들의 목소리는 들리지 않는다

우리에게 피와 살을 나누어 주신 분과 악마는
두 얼굴로
서로 뜻이 잘 맞는다

**제3부**

# 사랑 복용 시 주의사항 3

심한 갈증과 허기로 고통 받는 당신
아이스 아메리카노와 부드러운 빵이라도 먹어 보세요

사용 기간이 경과되었거나 변질, 또는 오손된 사랑은
교환할 수 없어요

구석에 쌓인 먼지가 되어
한숨으로 눈 코 입이 지워지고 있는 당신
툭툭 털고 일어나세요
평소 사랑에 취해 눈길조차 소홀히 했던
도라지꽃 냉이 여뀌 과꽃 섬개야광나무가 있는 숲에
따뜻한 시선을 보내 관계를 회복하세요

딸깍이는 초침 소리가 적막을 갈고 있는 방 안에 갇혀
햇볕과 일상을 두려워하며
실연의 아픔을 견디는 당신은
일주일 이상 낭비할 거예요, 아니 한 달, 아니면 그 이상

본 주의사항은 공정거래위원회 고시에 의거

당신의 피해를 보상해 드리지 않아요

속히 완쾌하시기 바랍니다

# 운명의 가면

이별은 돌이킬 수 없는데
그의 뒷모습을 쓸어 담은 사람들과 밥을 먹고
차를 마신다 교묘히 그와의 연결된 고리만 쏙 빼
활기찬 말들이 끓어오른다

몇 잔의 술잔 위에 찰랑이던 감정선이
창밖 초승달 끝에 찔려
위험 수위를 간신히 오르내릴 무렵
화장실에 숨어들어 범람하는 추억을 다독인다

핏빛 독을 마시며 들숨과 날숨을 교차한 채
꿈을 꾸었다 비극적인 이별에
운명을 덧씌운 폭군을 쫓으며
전생의 어느 길목에서 칼을 겨누며 배반했는지
희망이었던 사랑으로
까맣게 타 버린 가슴을 자꾸 헤집어 본다

## 한여름 밤의 합창

방충망을 들이받은 잠자리는
어디로 갔을까
예초기 칼날에 앉아
때 이른 가을을 불러보는 메뚜기
매미의 낮보다 우리의 밤이 더 아름답다며
이름 모를 벌레들 노랫소리 길어진다

꾁! 여기저기 튀는 음정에
여름밤 불협화음이 기이하게 한 목소리를 낼 때
여기에 동조하는지 아니면
관심 없다는 것인지
자꾸만 도망치는 달의 시선에 쐐기를 박는
터줏대감 백구까지 가세한다

이 무슨 개수작이냐며
별들이 퐁퐁 쏘아 대는 비비탄은
찬물에 밥 말아 드시는 할머니의 입안에 걸려
여름밤 헛기침은 그치질 않고

그래 맞아!
토란잎이 솥뚜껑만 한 얼굴을 끄덕이고
해찰하다 끼어든 콩잎
하아트 모양의 얼굴로 도리질하고
거 무슨 얘기냐!
다섯 손가락 펴 들고 나서는 무화과나무까지
쏟아지는 합창에도
고된 하루를 마치고 안방에 누운 할머니
연하게 코 고는 소리로 가세한다

## 호모 사피엔스


동시에 두 켤레의 구두를 신을 수 없지만
다섯 켤레의 구두를 무이자 6개월 할부로 주겠다는 쇼핑몰
발을 감싸는 것에 대한 담론은 식을 줄 모르고
명품 백을 향한 집착은 무한 반복 재생되어
백에 대한 감탄사가 쏟아진다

삶을 과장하기 위해 메르세데스 벤츠를 갈망하며
당첨금에 눈이 멀어 사랑하는 사람과
예정된 이별을 알지 못한 채
로또로 불행을 꿈꾼다
자신을 인정해 주고 바라봐 주길 원하며
공명심에 무리한 주사위를 던진다

만족과 자존감은 망각의 저편에서 증발해 버렸고
언제나 허기져 쾌걸 조로처럼 카드를 긋고
분별없이 권력에 아부한다

장애인 학교를 반대하는 인근 주민들은 피켓을 들고

차량에 방치한 5살 아이가 식은땀을 흘리며
열리지 않는 문을 두드리고
바닷속 150조에 달하는 금괴가 실려 있다는 돈스코이호
폭염 속 실시간 검색어 1위를 달리고 있다

배고픔을 달래기 위해 씨를 뿌리고
갈증을 잠재우기 위해 우물을 팠던
커다란 뇌는 불행을 키우고
욕망과 집착의 무덤을 깊게 파고 있다

## 느린 당신을 위하여


뱀이 발등을 스치고 지난 일상을 붙잡으려는 듯
레스토랑에 앉아 쓰디쓴 커피와 떫은 와인과
이스트 맛이 부풀려진 빵을 천천히 씹는다

달팽이가 풀잎 위를 곰작곰작 기어가고
고향의 개복숭아가 익어 가는 유월이지만
당신은 게으른 주인이 되었다
이런 날이 언제 있기는 했었나?

충혈된 눈으로 빨리빨리 각인하던 몸은
머리를 비운 뒤 망설이지 않고 맡은 일들을 손에서 뗐다
이달에 훌쩍 건너뛴 실적을 위해
더 망가지기 위해 달리자던 핸들과 내비게이션을 버렸다

갸르릉거리며 달리던 자동차의 과열된 엔진도
길에서 놓여 휴식을 가질 것이다

쭉 뻗은 8차선 도로의 깜빡이는 신호등을
조바심내며 통과하던 발로

바다가 보이는 구불구불한 언덕길을
천천히 걸어 본다

할 일 없이 심심하다는 것
무언가 간절히 꽃을 피우고 싶은 마음일 것이다
찬찬히 들여다본 길가 풀섶에
느리게 잠에서 깬 꽃들이
여기저기 피고 있다

## 아버지, 당신의 천국


 몸부림쳤다 한쪽으로 치우친 꿈은 당신을 변방의 동굴 속으로 몰아넣었다 수확한 감자 벼 호박 손때 묻은 지폐와 옷가지 그리고 자신을 지키기 위한 무기와 연장을 깊숙이 쌓기 시작했다

 당신의 눈길이 닿는 곳마다 벼 이삭이 고개를 숙이고 무화과나무엔 꽃도 없이 미래의 열매가 맺혔다 당신이 앉아 흙 한 줌 움켜쥘 때마다 감자들이 새끼를 치고 자식들은 언덕을 굴렀던가 담장 위 넝쿨째 뻗은 누런 호박은 밭을 갈던 황소의 멍에를 바라보았던가

 새벽 비에 울리는 천둥과 번개로 땅 백 마지기 소유의 꿈은 환히 열렸다 당신은 갈라진 논에 분주한 삽질로 물을 가두기에 바빴다 이백 마지기 소유의 꿈은 달빛 아래서 감자꽃 향기에 취해 소를 몰았다 밭을 갈고 오므린 호박꽃 꿈자리도 살펴 주었다

 흐뭇하게 바라보았다 그분의 뜻이 이루어진 것같이 당신의 공화국에서 이루어지길 바랐다 삼백 마지기 땅을 손

에 넣는 순간 그 꿈은 독을 품은 뱀처럼 꿈틀거렸다 독에 중독되어 오백 마지기 소유의 욕심에 땅을 개간하기 시작했다 당신은 몽유병 환자처럼 무감각하게 지칠 줄 모르고 쟁기질을 했다

 섬 안 금고 역할을 하는 동굴 속 뱀이 되어 맨몸으로 동굴 끝까지 밀고 나갔다 환기되지 않는 동굴은 더 강한 독을 품게 했고 어둠을 감당해야 했다 쌓아 둔 재물에 갇혀 앞을 보지 못했다 독사의 눈빛은 바람의 흐름을 감지하지 못했고 동굴의 어둠보다 환한 햇볕 속으로 나아가는 것을 더 두려워했다

 자신을 지킬 수 없었던 재물과 땅을 두고 가을 땡볕 독을 품은 독사는 동굴 속에서 스무하루 끼니를 독으로 버렸다 그러자 정오 황금빛 태양이 동굴을 열어 길을 내주었다 온몸으로 땅에 충실했던 당신이 날아오르는 거대한 뱀이 되어 드넓은 하늘로 돌아가는 것을 지켜보았다

# 이웃

가장 측근에 있는 그들
누구인지 몰라서 편한 이들
벽을 털어 내고 내 뒤통수에 탕탕 망치질하는 오전
아래층 난해한 피아노 연주가 귓속을 긁고
바닥에 곤하게 떨어진 몸뚱이 위에
위층 휴대폰 진동음이 발자국을 새긴다

편리한 이웃이 무더기로 버린
머리카락과 음식물 쓰레기로 막혀 버린 배려가
하수구 바닥과 변기에 차올라
똥물이 역류하는 휴일

여전히 망치와 드릴이 지루한 아파트를 뒤흔들고
떨어져 깨지는 타일 파편들 소리는
승강기 안으로 숨어들어 사람들의 미간을 살핀다
헝클어진 마음속을 비집고 들 듯
땡! 승강기가 열린다

서로에게 닫힌 입주민들 허공 35층에서

어색한 서로의 숨소리만 들을 뿐

교복 바지 양쪽 주머니에 손을 꽂은 중학생들
치켜올린 눈을 사방으로 휘돌리며 한쪽 다리를 건들건들
입에 척척 감기는 씨발과 좆나를 연발하다
승강기 안에서 서로 눈이 마주치자
찍, 거울에 침을 뱉는다

베란다에서 쏟아지는 음식물의 배려 때문에
하수구에서 긴장이 풀린 고양이를
쥐가 정면으로 마주하고 있다

# 인간의 조건 3
– 쾌락이야말로 인간을 가장 비참하게 만든다

실적으로 인격을 지켜야 하는 영업팀장
굴레를 쓰고 뛰어야 하는 경주마처럼
넥타이 바짝 조이며 접대에 나선다

단란한 시간을 위해 교양을 걷어 낸 상대의 말
몸짓과 눈짓은 수시로 비즈니스 압력을 체크하며
은근한 채찍을 날린다

탄탄한 암말의 엉덩이를 두드리며
어떤 길을 선택해야 할지 고민도 잠시
노래와 춤을 추며 삼나무 숲을 달리기 시작한다
우두머리가 달리자 주위의 말들이 따라 달리고
그렇게 얼마나 어디까지 달렸을까

기차를 타고 멀리 떠나는 것은
마치 플랫폼에 있는 사람들이라 생각하듯
외견상 아무도 움직이지 않는 것처럼 달렸다

경마장의 경주마들은 다 어디로 갔을까

퇴역마들이 궁금해질 무렵
말들의 옆을 가로막는다
앞만 보고 달려 뒹굴 수 있는 푹신한 초원과
얼마 동안 허기를 잊을 수 있는 당근을 내밀며

서로가 취한 척, 오늘의 세미나를 미화하며
밤이슬과 함께
마지막 위락을 찾아 호텔을 찾는다

# 어이없는 비극

오늘 결혼식을 올린 아들
어깨를 부딪친 조폭과 시비 끝에
기둥에 머리를 부딪쳐 피를 흘리며 죽는다

맹장 수술한 어머니는 자식의 죽음을 전해 듣고
침대에 앉아 방귀를 뀌고
갈등의 정점에선 배우가 개그 프로를 보다
웃음을 참지 못해 심장마비로 주저앉는다

시청률 높은 막장 드라마가 이슈를 만든다
눈 내리깔고 쳐다봤다는 이유로
찍찍, 길거리에 침을 뱉으며
폭력에 시동을 거는 학생들
꿈꾸던 카페를 차려 슬슬 장사가 잘되니
건물주가 자주 가게 주변에 나타나고
청년 창업자는 소송에 휘말려 빚을 안고 파산한다

쫓기던 유기견이 도로 위에서 가쁜 숨을 몰아쉬고
차량들이 잿빛 하늘 아래 곡예 운전을 할 때

잔혹한 기류의 능선이 한 발 더 다가선다
미세 먼지로 덮인 하늘은 봄을 준비하는데

기밀문서를 품에 안고 끝내 국경을 넘지 못한 채
한 장 한 장 씹어 폐기한 후
목숨을 버린 독립운동가처럼
현실은 치열한 일급 비극을 바라지 않는다
막장 드라마의 마지막 회처럼 황당하게 몰고 간다

# 동물 장롱

 건장한 사내들이 들이닥쳐 세간에 빨간딱지를 붙이기 시작했다 아무렇게나 열어젖힌 장롱을 버려둔 채 사내들은 황급히 빠져나갔다 길목의 목련이 다다닥 30W 전구를 켤 때까지도 주인은 돌아오지 않았다 부산스럽게 움직이기 시작했다 장롱 속 루이비통 소가죽 가방과 샤넬 신상 양가죽 가방의 지퍼에서 소와 양들이 뛰어나왔다 덕다운 구스다운 점퍼 속에서 오리와 거위들이 뒤늦게 부화한 듯 쏟아졌다 뒤뚱거리며 행여 소와 양들에게 깔리지나 않을까 조심조심 주위를 살폈다

 양과 소들이 빙 둘러앉아 조용히 풀을 뜯던 전생을 되새김하고 있었다 울음소리도 내지 않고 드레스실을 빠져나온 여우와 토끼들이 몰려와 귀를 쫑긋 세워 분위기를 살폈다 좀처럼 웃지 않는 고양이도 뭣들 하는 수작인지 얘기나 들어 보자며 잠시 발길을 멈췄다 억센 손아귀에 눌려 털이 뽑히고 목이 졸린 거위의 팥알 같은 눈빛이 거실을 밝혔다

 거실은 순식간에 집회 장소로 변했다 머지않아 우리들의 종족은 멸종할 것이라며 동물의 해방을 위해 사악한 인간

을 처단해야 한다고 외쳤다 채찍, 코뚜레, 칼, 고삐, 멍에 들은 소각장에 집어 던져야 한다 인간을 공격하는 것만이 동물들의 세상을 만드는 최선의 길이라고 모두가 열광했다 흥분해서 양들은 무스탕 털옷에 뒹굴다가 허공을 들이받고 송아지들은 자신의 껍질을 벗겨 만든 코트를 걷어찼다

  꿈꾸는 일들이 조금 더 일찍 올지도 모른다 건설업자인 사장의 눈동자는 거듭된 도박에 붉게 흔들리고 있었다 부인은 주식 투자로 뭉게구름을 잡은 듯했지만 늘 발걸음은 모래주머니를 찬 듯 무거웠다 외출했던 사장과 부인이 돌아오는지 현관문의 부저음 소리가 들리자 다들 각자의 자리로 돌아가 집 안은 순간 조용해졌디 오늘도 잔뜩 취해 돌아오는지 발걸음 소리는 이리저리 쓸리고 있었다

## 정의는 뭔가요


가자지구 하늘에 흩어진 구름인 듯
고공행진을 위해 치고 올라간 비행기의 꽁무니인 듯
눈이 달린 백린탄은 포물선을 그으며
마을 사람들을 쫓기 시작한다

공중에서 폭발한 하얀 파편들
놀이터를 찾아가 집으로 가는 길을 수색한다
아이들과 어른들은 비명과 함께 광장으로 끌려 나와
죽을 힘을 다해 버둥거린다
신성한 하늘에서 내린 죽음의 파편들은
사람들의 살갗에 달라붙어 까맣게 뼈를 발라낸다

한여름 밤 불꽃놀이인 듯 퍼부어 대는
미사일의 방향을 망원경으로 쫓으며
비극의 역사 뚜렷한 발자국을 밟고 또 밟고
은총인 양 환호하며 느긋하게 웃고 있는 유대인들

까만 선글라스를 낀 CNN 기자는 연신
무기의 살상 효과와 위력을 선전하고

사용이 금지된 화학 무기를 사용하는 것은
자신을 위해서는 정당할 수밖에 없다고
논리의 벽을 세운다

겁에 질린 적국의 소녀는 간절히 기도의 손을 모으고
이스라엘 아이들의 고사리 같은 손은
미사일 포탄에 적군의 마지막 한 명까지 죽게 해 달라고
또박또박 송곳 같은 연필로 소원을 새긴다

전쟁을 일으켜 많은 팔레스타인들을
잔인한 죽음으로 몰고 가야 하는지를 결정짓는 것은
침묵뿐인 그분만이 할 일이다

# 두드려라 더 세차게

사각의 방에 자신을 가두고 무언의 실을 뽑아내려
끙으응 한숨을 토해 내는데 붕붕
날갯짓 소리가 긴박하다
어떻게 들어갔을까?
벌 한 마리, 틈도 없는 사각 전등 속에서
출구를 찾지 못한 채
필사적으로 전등 구석을 돌고 있다

눈 한 번 깜빡할 사이 죽음의 유습한 자장에 이끌렸던
탈출하지 못한 벌레들이 전등 속에 까맣게 뒹굴고
더 이상 물러설 곳도 없는 낭떠러지에서
비상구를 찾지 못한 것들은
사각의 모서리를 돌기 시작한다
빨리 여기를 빠져나가야 해!
벌의 고군분투를 비웃기라도 하듯
파리 한 마리가 전등 밖에서 주위를 맴돈다

생이 몰아넣은 사지에 떠밀려 발버둥 치다
지친 벌이 조용해진 전등 속

나는 책 속에 빠져 길을 잃고 허우적거린다
어떻게 빠져나왔을까?
그 누구의 입김도 들어가지 않을 것 같던 전등 속에서

창밖의 뜬구름을 향해 벌은 머리를 힘껏 부딪치며
또 다른 출구를 두드리고 있다
활짝 핀 아카시아꽃을 찾아 날아갈 수 있게
가만히 방충망을 열어 준다

# 입춘

 하는 일마다 무릎을 꿇어야 했던 사내가 긴긴 레이스를 펼치며 승부욕에 불탔나 보다 어둠을 밀어내는 환호가 바깥으로 요란하게 새어 나온다 당구도 108번뇌의 하나임을 증명하는가 보다 번뇌가 구르고 부딪히는 소리가 2층 당구장에서 한창이다

 잠깐씩 소스라친다 24시 대왕김밥 아줌마가 벽에 기댄 의자에서 쓰러지지 않으려 졸린 눈으로 벽을 움켜잡는다 이 동네의 돈줄이 한곳에 모이는 베비에르 빵 가게 반죽이 매상처럼 부풀어 오른다 경쟁사인 빠리빠게뜨의 3.5t 트럭이 오늘 꽃피울 목련빵을 따뜻한 주방으로 입고시킨다

 빵만으론 살 수 없다고 상가 2층 모아제일교회 십자가가 반짝인다 조용한 새벽을 뚫고 아직 돌아가지 않은 몇 개의 별을 붙든 채 통성의 기도 소리가 창틀의 바람과 함께 흔들린다

 새벽에만 볼 수 있는 다리 저는 아저씨와 난쟁이 아줌마가 신문을 싣고 수레를 끈다 짧은 아줌마의 다리에 뿌리

내리려 아저씨는 안간힘을 쓴다 서로 버릴 수 없는 운명의 수레를 끌고 절뚝거리며 종종걸음친다

  미니스톱 파라솔 앞에 캔 맥주가 즐비하다 눈만 껌뻑거리는 모호한 표정의 올빼미들이 아침을 기다리는지 시간을 죽이는지 묵상 중이다 어디에서부터 밀려왔는지 모를 쓰레기들은 구석에 몰려 웅크려 있다 훅, 몰아치는 바람결에 빈 맥주 깡통이 새벽 길을 떼굴떼굴 굴러간다

# 하루

폭우 속을 뚫던 비행기가 벼락을 맞고
사람들을 파편처럼 토해 낸 뒤
까맣게 연기 내뿜는다
푸른 바다 위엔 실종자의 빨간 구명조끼가
두려운 희망처럼 떠오른다

아프리카 내전으로 정부군과 반군이 총격전을 벌여
민간인을 학살하고 어린 소녀들을 납치하느라
지구는 벌집처럼 구멍이 숭숭 뚫렸다
지구는 너무 빠른 속도로 돌고
나는 바람 속에서도 피비린내를 느낄 수 없다

장을 마감한 주식 시세표를 분석할 때
밤은 성벽의 사닥다리를 타고 꿈속으로 전진해 온다
지구의 자전으로 꿈속의 천장이 무너지고
얼굴도 모르는 사내가 도사견을 끌고 나를 쫓는다
필사적으로 지구의 트랙을 돌며 도망치다
덥석, 도사견의 날카로운 이빨이
내 허벅지에 파고들 때 비명을 지르며 잠에서 깬다

지구는 축제의 폭죽을 터트려
우리 눈을 월드컵 축구 골대의 소실점으로 끌어당긴다
절벽이라고 믿는 건물 외벽에
하아트 모양 담쟁이넝쿨이 손을 흔들며
하루에 1도씩 서쪽에서 동쪽으로 행진한다

철렁, 하고 움직이는 것은 하늘이고
나의 세계는 얼어붙어 꼼짝하지 못하는데
또 다른 바람이 불어올 것이다

**제4부**

# 나를 세울 집이 필요하다

세입자를 위한 법이 시행되자
영혼을 끌어모아 내 집을 마련한 이들
집을 모시고 집에 눌려
자신은 가을 들녘의 연기처럼 사라졌다

거친 일터에서 딱딱하게 굳어진 나를
말랑말랑한 자신으로 돌아오게 하는 곳
허기를 채우듯 식재료를 냉장고에 넣고
때마침 들려오는 빗소리로
깊은 잠에 취하고 싶다

방향을 알 수 없는 바람이 분나
규제보다는 공급이 우선이라며
바람을 잡기 위한 정부의 대책이
구름처럼 쏟아진다

날 반기는 피난처에 은둔하며
다소곳이 그를 맞이하고 싶은
전셋집과 월셋집이 순식간에 날아갔다

명령하지 않고 충고하는 이가 없이
그와 은밀하게 속삭일 집이 없다

## 적과의 동거


같은 문장을 열 번 스무 번 고쳐 쓰다
날아가는 상상의 모험을 묘사하려는 순간
위이잉 콕, 모기 한 마리가 이마를 공격한다
그가 반사적으로 이마를 때리며 허공을 쫓을 때
왼쪽, 오른쪽 귀에서 다시 앵앵거린다

터무니없는 문장 앞에 쩔쩔매는 그를 향해
모기 한 마리 의기양양한 주둥이로
일침을 놓으며 하는 일을 방해한다
그를 흔들기 위해서라면 천둥 번개가 필요 없다
지분을 날리며 사라지는 나비 소리나
바람개비 소리로도 충분하다

놀라지 마라, 그의 귓전에서 모기 한 마리가
자신과 오솔길 사이를 방해하고 있다
꽃을 피워 숲을 완성하길 바란다면
나비와 새와 안개와 바람의 숲을 다스리는
그의 역동성을 망가뜨리는
저 모기를 쫓아야 한다
흐르는 구름 위에 집을 짓는 시인이여

## 뉴스 1


여자들만 사는 대학가 원룸촌에
목줄이 풀린 개들이 출몰하여
혼자 생활하는 여자들이 불안에 떨고 있다

국민연금 기차를 탄 승객들은 초조하다
언제 기차가 멈출지 모른다는 소문이
열차 끝까지 파다하다
승객들은 빨리 펀드로 갈아타야 하는 것 아니냐며
납부한 연금을 돌려 달라는 민원이
덜컹이는 창밖의 바람처럼 거세다

오늘도 집값이 널을 뛴다
5억 10억 20억 이게 집값인지
내 집을 갖는 것이 메타세쿼이아 꼭대기에
마른 삭정이로 집을 짓는 휘파람새처럼
가벼워지면 안 되는 걸까

범죄의 타겟이 되지 않으려
배달한 음식을 현관 앞에 두고 가라며

애써 내가 사는 동안 연금이 고갈되는 일은 없을 거라며
월세로 살더라도 원룸은 사용자인 내 것이라며
겁먹고 동요하고 괴로워하는 나 자신을
TV가 흡족한 듯 지켜보고 있다

# 반려견

빼꼼히 열어 놓은 현관문은
호기심과 질주의 본능을 자극했을까
애완견이 화단의 나무에 묶여 있다
잃어버린 개 찾아가시오 라고 팻말도 걸어 놓았다

반려견을 찾습니다
이름: 광복 성별: 수컷 나이: 3살
견종: 믹스견 몸무게: 3kg 사례금: 40만 원
자식을 잃은 다급한 아빠의 목소리가
광복아! 광복아! 광복아! 외칠 때
휴일 늦잠을 자고 있던 사람들은 오늘이
광복절인지도 모른 채 짜증으로 미간을 찌푸렸다

3일 동안 경비원에게 맡겨진 강아지는
초췌한 이슬을 맞으며
주인을 기다렸다, 버림받았을까
귀여운 얼굴 뒤에 소용돌이치는 광기가 숨어 있을까
주인이 만든 인공의 안락함에서 벗어나고 싶었을까
그러니 목줄을 채웠어야지! 아니면

음식물 쓰레기 버릴 때 따라 나왔다
엄마를 놓쳤을까

버려지거나 길을 잃은 유기견은
2주일 관리하다 안락사 시킨다는데
측은한 눈빛들은 한마디씩 던지고
반려견을 찾는다며 아파트 경비아저씨
쩌렁쩌렁 하늘에 닿을 듯 방송을 하는데

## 붉은 양파

벌겋게 그을린 얼굴로 다라이를 이고 들어와서
사람들 앞에 슬그머니 모시떡 꺼내 들며
찌는 더위에 능숙하게 양파 한 겹 벗겨 내더니
신파를 읊어 대기 시작했소

양파의 매운 기운이 삽시간에 퍼져 나가
사람들은 뒤통수가 얼얼했소
시크무레한 냄새를 풍기며 손님들의 테이블을 돌고 있는
검버섯이 핀 얼굴을 보고
눈치 빠른 카페 주인이 다가와 밀어내려 했소

몸속 깊숙이 박힌 책임 하나로 버텨 온 그녀는
올망졸망한 손자들을 꺼내 들었소
아직도 떼내야 할 맵고 독한 여러 손주들이 남아 있다고
말라비틀어진 뿌리로 바닥에 버티며 사정했소
이 상황이 불편한 손님들
양파가 빨리 나가기만 기다리고 있는데

카페에 앉아 있는 이들은 노파가 끌려 나간 뒤

동정하지 않았지만 자신의 마음과 상관없이
다들 눈에 눈물이 고여 있었소
그들도 쉽게 상처받은
멍든 양파라는 사실을 잊은 채

## 뉴스 2

성공한 청년 사업가가 마약 투약 혐의로 징역형을 받고
막대한 채무로 가맹점 점주들의 뒤통수를 쳤다

순식간에 인도로 뛰어든 BMW가 정의로운 검사가 꿈이라던
젊은 학생을 치어 뇌사 상태에 빠뜨렸다
만취한 운전자의 형량을 높여 달라는 청와대 게시판의 청원에
밤새 핏자국이 깨끗이 씻겨 나가고

하늘이 열린 개천절
시인 허수경이 갔다
슬픔을 거름 삼아 혼자 가는 먼 길이었다
향년 54세

팍팍한 삶에 사기횡령이 급증
친부 살인 혐의 무기수 18년 만에 재심 결정
프라다 가을 컬렉션을 소개하는 모델들
딤섬을 추천하는 취리히 레스토랑

추리소설의 책장을 넘기듯
저녁 헤드라인 뉴스가 쏟아진다

누군가에게는 한순간 일어나 버린 현실을
꿈과 바꾸고 싶은 날
분노와 슬픔에 사로잡혀 있는 시청자를 향해
내일도 최선을 다하겠다는 앵커의 멘트에
이리저리 채널을 돌리다 벌써 하얀 밤이 왔다

## 압록강


밟을 수 없는 북한 땅 앞에 섰다
눈앞에 보이는 신의주 초라한 선전용 아파트가 흉측스럽고
인적 없는 강가에서 북한 병사들이 작업 중이다

강 하나를 사이에 두고 둑에는 꽃이 피고
바람은 나비를 꽃에게 데려다준다
배 갑판 위에서 손을 흔들고 인사를 건네 보지만
병사들의 눈에 우리들은 이미 투명 인간

단둥과 신의주를 잇는 압록강의 단교는
덩그러니 끊어진 세월을 잇지 못하고
이편의 중국에선 북적북적
요란한 댄스 음악이 강가를 출렁이고
저편의 휑한 적막 속에선 군인들
이목구비가 뭉개진 채 작업에 열중이다

그립고 허탈한 마음을 깨우듯
가소로운 정의를 비웃듯

강가의 오리만이 양쪽을 오가며
쉼 없이 수면 아래 물갈퀴를 휘젓는다
탕진한 시간들을 떠올리며 허리가 꺾인 채
이편에서 저편을 언제까지 바라만 봐야 하는 걸까?
강은 얼마나 더 아프게 흘러야 하는 걸까?

## 어디로 가야 하나

비도 오는데 집에 와서 혼자 앉아 있으니
외롭고 쓸쓸하더라는 아들의 말에
애완견 J를 키우게 되었다

J가 온 뒤부터 집은 평화롭지 않았다
식탁을 넘보다 국그릇을 쏟아 바닥은 국물로 흥건하고
솜털 뭉치처럼 가지고 놀다 찢어 놓은 화장지는
구름처럼 이리저리 몰려다녔다
신발들은 뒤축이 물어뜯겨 구석에 버려졌지만
학교에서 돌아오는 아들과 늦게 귀가하는 남편을
뜨겁고 격하게 반겨 주었다

가족이 되기 위해 수북이 자란 야성을 깎고
단정하게 미용을 한 J를 차 안에 두고
은행과 약국과 빵집을 거친 뒤
주차해 놓은 차량의 문을 열었을 때
와락!

차 안에서 이미 똥으로 범벅이 된 몸으로

절박하게 안겨 들었다 순간,
J를 밀어 넣으며 차량의 문을 거칠게 닫았고
J는 차량 운전석과 뒷좌석을 오가며 펄쩍펄쩍
광적인 퍼포먼스로 유리창을 박박 긁어 댔다

심한 현기증에 시달리며
똥으로 도장 찍힌 내 자신부터 씻으러
목욕탕으로 향해야 할지
똥으로 페인팅 된 냄새 가득한
새로 산 자동차를 몰고 세차장으로 먼저 가야 할지
아니면 이미 똥 밭을 굴러 반쯤 넋이 나간 J를 위해
불안을 말끔히 씻으러 애견샵으로 가야 할지
나도 J도 자동차도 사는 동안
씻어도 씻어도 씻어내야 하는 날들 뿐

방향을 잃고 깜빡깜빡 비상등만 쳐다보고 있다

## 지금도 신분제 사회인가


업무의 7할은 출근이라며 새벽부터 집을 나선다
기획안 결재에 보고서 작성에 해가 질 무렵부터 회의를
시작한다 실적을 추궁당하며 온몸이 납작해질 때
걱정스런 얼굴로 달님이 기웃거린다

도련님 들어오십니다!
제복을 입은 집 안의 도우미들이 일제히 고개를 숙인다
주인집 아들은 도우미 아주머니 딸과 사랑에 빠지고
주인집 아들은 너와 내가 사는 세상은 다르다고
네가 넘을 수 없는 문턱이 있다고
그 턱도 없는 시대착오적 발상은 전파를 타고 흐른다

귀족만이 안전한 현실 속에서
망설임 없이 주인 손아귀를 벗어난 컵이 깨지고
아가씨께서 도련님 좀 말리시지 그랬어요 ……
필요에 의해 노동력을 제공하고 대가를 받을 뿐인데
인기 드라마의 한 장면은 자연스럽다

경제성장 그래프에 목이 꺾인 풍요와 행복은 사라지고

염라대왕도 돈 앞에 눈을 감은 지 오래
세월호의 거친 바닷속에서 아이들이 꽃처럼 떠오를 때도
자신의 밥줄을 쥐고 있는 얼굴을 먼저 살핀다

농사를 지으셨던 아버지는 내게 흙수저를 물려줬고
내가 밥벌이 하는 회사의 회장님은
사장님인 아들에게 금수저를 물려주었다

회사의 손아귀를 벗어나지 못한 채
그들에게 인정받기를 원하며 공손한 눈빛으로
나는 매일 허리를 낮추고 전전긍긍한다

## 파이터


가슴에서 복근으로 진득한 땀방울이 흘러내린다
지쳐 헐떡이는 시간 앞에 몸들은 서로 포개며 잠시
서로의 운명을 위로하는 동안

하이라이트의 느린 화면이 정교하게 읽힌다
상대를 거세게 밀어제치며 격하게 날린 글러브 위에
마우스피스가 튀어 오른다
지친 상대를 향해 돌아서며 허를 찌른 니킥에
초점을 잃고 링에 기대 있는 상대를 번쩍 들어
지구를 따라 돌듯 빙글빙글 링을 돌다
바닥에 챔피언을 내리꽂는다

함성과 함께 바닷속에서 솟아오른 비너스의 환생인 양
사과처럼 탐스러운 가슴에 금빛 머릿결을 드리우고
파도를 타는 듯한 허리에 탄탄한 엉덩이를 흔들며
느린 화면으로 로드걸이 커브를 돌 때
링 안은 순식간에 아름다움이 지배한다

파이터와 로드걸 그들의 지배권은 각기 달라

그들은 서로를 이해하지 못한다

링 안에 타올이 던져지고
허리엔 금빛 챔피언 벨트가 채워져
환호성으로 파이터가 공중에 부양된다
어떤 경쟁자의 도전에도 뛰쳐나갈 준비가 됐다며
창살 안의 맹수처럼 포효한다

# 알 수 없는 것

강렬한 포옹의 이끌림으로 빠져들던 입술
뜨거운 입맞춤으로 코뼈에 금이 갔다
그 마법의 시간이 끝나고 찾아온 통증

사랑의 웃음거리가 되어
깨진 조각을 맞추고 덤으로 콧대도 높여 보지만
사랑의 영토는 넓혀지지 않았다

보얀 안갯길은 나를 사로잡았고
어린 꽃나무들이 만개한 곳으로 나를 데려다주었다
씀벅이는 통증까지 마비 시키며 기습했던 사랑은
나를 버린 영원한 환각일 뿐

내가 문자로 기록할 수 없고
몸으로 감지할 수 없는 것들은
대지를 흔들고 군대를 움직이고 세계를 뒤흔들었다

클레오파트라의 코 때문에
지상의 영토는 정말 달라졌을까?

# 뉴스 3

딱 하루 뉴스가 사라졌다

살인자가 자신의 할 일을 간과해서
방화범이 인화 물질을 고르지 못하고 망설여서
불륜을 저지른 정치인이 접대 골프에 푹 빠져서
무모한 익사자가 물 밖에서만 시간을 보내서

프로듀서는 걱정하지 않는다
24시간이 지날 때쯤
그동안 쏟아 냈던 뉴스들이
통계의 멱살을 잡아끌고 나올 것이다

우리를 평화롭게 놔두지 않을 것이다

| 해설 |

# 시와 불화의 감각

**신덕룡** 시인·문학평론가

1.

… 시로써
무엇을 버릴 수 있으며
혹은 세울 수 있고
허물어뜨릴 수 있으랴

— 정현종, 「시, 부질없는 시」 부분

 벌써 두 해가 다 되었다. 지난 겨울 시작된 코로나가 전 지구를 뒤덮고 있다. 매일매일 확진자와 사망자의 수가 발표되고 있다. 그 숫자가 늘어감에 따라 불안감 또한 증폭되고 있다. 모든 일상이 통제되고 사람과 사람 사이의 만남이 제한된다. 사상 유례 없는 비대면의 생활이 일상화되어 이제는 비정상적인 삶이 정상(?)처럼 느껴질 지경에 이르렀다. 상황을 더 악화시키는 것은 이런 삶이 언제 끝날지 모른다는 불안감이다. 도시에서 멀리 떨어진 시골이라 해서 사정이 다르지 않다. 논이나 밭일을 나갈 때도 마스크를 지참하는 것이 습관이 되었다. 공기 좋고 사람 또한 별로 없는 곳에서 마스크가 왜 필요하냐고 토를 다는 사람도 없다. 반복되는 마을 방송도 그렇거니와 수시로 확진자 현황을 알려 주는 자치단체의 소식 또한 삶을 움츠러들게 하고 또 낯선 이를 의심하게 한다.

전 지구적으로 바이러스 공포에 짓눌려 사는, 하루하루의 생존이 불안한, 더욱이 절망의 출구가 보이지 않는 상황에서 시가 할 수 있는 일이 무엇인가? 시가 무엇을 "세울 수 있고/허물어뜨릴 수" 있을 것인가? 물론 시가 세상을 바꿀 수 있다고 믿었던 때도 있었다. 그러나 그건 특별한 시기와 맞물린 계절풍 같은 것은 아니었다. 오늘날, 바이러스가 창궐하고 전 인류가 공포에 젖어 있는 시대에 시가 할 수 있는 일은 없다고 보아야 할까? 이런 절망적인 상황에서 위로가 될 만한 말은 없는가? 문득 "예술의 목표는 이 세상을 회복시키는 것"(「왜 쓰는가」, 사르트르)이란 말이 떠오른다. 과거에는 이 말이 너무 평범해서 귓등으로 흘렸던 말이지만, 따지고 보면 정곡을 찌르는 말이 아닐 수 없다. 우리는 지금이 아닌, 좋았던 때를 그리워하고 또 회복하고자 발버둥 치고 있는 것이다. 가깝게는 코로나 이

전의 삶이고, 더 멀리는 인간과 인간, 인간과 자연과 신이 조화롭게 어울려 살던 삶이라 할 수 있을 터이다.


2.

주지하다시피 시는 큰 말이 아닌 작은 말로 이루어져 있다. 시대, 정의, 사상 등 추상적인 언어가 아니라 풀잎, 바람, 먹구름, 빗줄기 등의 구체적인 언어다. 구체적인 언어는 우리의 감각에 와닿는 말이다. 논리나 이성이 아니라 인간의 내밀한 감성을 드러내기에 보폭도 좁고 늘 멈칫거린다. 이것이다 저것이다 말할 수도 없으니 단숨에 그 감정에 닿을 수도 꺼낼 수도 없다. 설명할 방법조차 마땅치 않다. 그러니 자신의 감정 상태와 유사한 상황을 만들거나 유추할 만한 말들을 늘어놓을 수밖에 없다. 독자는 이를 통해 시인의 내면을 추측할 수밖에 없다. 정채경 시인의 두 번째 시집, 『별일 없다고 대답했다』에 나타난 그의 내면 풍경을 들여다보자.

> 새벽까지 요란하던 빗소리 멈추자
> 팔랑팔랑 노랑나비들 어디서 왔을까?
> 백일홍 향내에 부산한 날갯짓
> 꽃잎이 버거운 속살 한 겹 벗어놓는다

산들바람에 취해 갈지자를 그으며 떨어지는 나뭇잎
바람과 함께 몇 바퀴 원을 그리다 다시
방향을 바꾸는 부전나비를 닮은 은박 껌 종이
말간 햇살에 머리를 흔들며 달리는 놀이터의 목마
자신을 묶는 틀을 뛰어넘으려
쉼 없는 전진과 후진을 거듭하는 그네
놀이터 벤치 누군가의 손에서
흔들리며 비워지는 맥주 캔
바람과 놀다 결국 웅덩이 흙탕물에
몸을 담근 하얀 휴지 조각

나는 구름 속의 햇살처럼
온몸으로 바람의 결을 읽고 있다

― 「춤꾼」 전문

「춤꾼」에는 이 시집에 깔려 있는 세계를 바라보는 시인의 관점이 잘 나타나 있다. 눈앞에 펼쳐 놓은 세계의 모습을 통해서다. 이 시에 펼쳐진 세계는 비가 그친 뒤의 산뜻함과 쓸쓸함이 공존하는 곳이다. "노랑나비", "백일홍 향기", "꽃잎"이 전자에 해당한다면 "은박 껌 종이", "목마", "그네", "맥주 캔", "휴지 조각"은 후자에 해당한다. 후자의 경우는 시야를 넓히면서 발견하는 것들인데 혼자서 꺼덕

거리는 목마나 묶여 있는 그네, 흙탕물에 젖은 휴지 조각이라는 데서 보듯 아침의 신선하고 산뜻한 활력은 어디에도 없다. 모두 땅에 떨어져 있거나 버려질 것이거나 묶여 있는 것들이기 때문이다.

생기를 잃거나 우중충한 것들로 이루어진 풍경 속에서 시인은 "온몸으로 바람의 결을 읽고 있다"고 한다. 이러한 태도는 시인의 세계에 대한 반응이기도 하다. 비록 원하는 세계는 아니지만 받아들일 수밖에 없다는 것이다. 여기서 받아들인다는 것은 긍정의 표시가 아니다. 오히려 '수긍할 수밖에 없지 않느냐'는 질문에 가깝다. 따라서 이 시 전반을 지배하고 있는 정서는 우울하다. 다행스럽게도 노랑나비의 "부산한 날갯짓"이 이 시를 절망으로까지 끌고 가지는 않는다.

정채경의 이번 시집에는 세계에 대한 비극적 인식과 그로 인한 우울의 정서가 짙게 깔려 있다. 그러나 자신의 삶에 대해 엄살을 부리거나, 감정을 과장하지 않는다. 오히려 담담하게 때론 시치미를 뚝 떼고 세계에 맞서는 자신의 태도를 드러낸다. 다음의 시를 보자.

TV는 오늘도 살생의 추억으로 시끄럽다

나는 밥상 앞에 앉아 갈치조림을 먹는다
녹조 현상으로 물고기가 은빛 뱃가죽을 드러내고

푸른 들녘에 뿌려대는 살충제로 꿈틀대던 벌레들이 굳어 갈 때
　저 너머 세계에서는
　신의 이름으로 자살 테러를 감행한다


　차를 마신다 구덩이를 파고
　오리 떼를 쏟아붓는다 포크레인의 거대한 손이
　불가항력으로 거대한 무덤을 만들 때
　살갗의 땀구멍마다 소름이 돋아 오싹한 양팔을 문지른다
　오리들이 무덤 속에서 빠져나오려 필사적으로 뒤뚱거린다
　살 처분했던 오리들의 울음소리가 땅속에 고여
　메아리칠 때 전화벨이 울린다


　친정 엄마의 목소리가 전화선을 타고 흐른다
　-요즈음 왜 이리 조용하다냐?
　TV 속 예멘의 8살 소녀가 40대 남자와 결혼을 했다
　가난한 집 9명의 식구를 책임지기 위해 지참금을 받고
　호랑이 굴 속으로 던져졌다 어린 소녀는
　다음 날 심한 장기 손상과 출혈로 죽음을 맞이했는데
　-별일 없냐?
　-응, 별일 없이 잘 지내!

　　　　　　　　　　　　　　　-「별일 없다고 대답했다」 전문

가장 먼저 눈에 띄는 것은 이른바 시치미 떼기다. 시치미를 뗀다는 것은 알면서도 모른 척하는 일이다. 뻔히 알면서도 모른 척한다는 것은 대개 두 가지 함의를 지니고 있다. 첫째는 아는 체를 하는 순간 신변의 위협을 느끼는 경우일 것이다. 두 번째는 나와는 무관하다는 냉소적인 태도라 할 것이다. 아는 체해 봤자 아무 소용 없다는 무력감에서 비롯된 태도다. 이 시의 경우, 후자의 태도에 가깝다.

시인이 TV를 통해 바라보는 세계는 온갖 비극적 사건들로 가득 차 있다. 녹조 현상으로 물고기가 죽어 가고, 들판은 살충제로 덮여 있고, 신의 이름으로 자살 테러가 일어나고 있다. 조류 독감으로 인해 멀쩡하게 살아 있는 오리들을 땅속에 묻는다. 이런 일들은 수시로 반복되는 일상에 가깝다. 시인의 생활에서 나타나듯, TV를 보며 "밥상 앞에 앉아" 식사를 하고 "차를" 마시는 것이다. 비극에 익숙해져 있는 모습이다. 더 충격적인 것은 "별일 없냐?"는 친정 어머니의 물음에 "응, 별일 없이 잘 지내!"라고 대답하는 두 사람의 대화다. 별일 없이 잘 지낸다는 말이 낯설게 다가오기 때문이다.

어머니를 안심시키는 말이지만, 찬찬히 생각하면 아주 불편하게 살고 있다는 말이다. 일종의 돌려 말하기이다. 비극적인 사건들 앞에서 무심하게 밥을 먹고 차를 마시는 것처럼 보이지만 그렇지 않다. 그 근거는 "살갗의 땀구멍마다 소름이 돋아 오싹한 양팔을" 문지르는 행위에서 찾을 수 있다. 비극적인 사건들 앞에 괴로워하고 또 죽음에 직면한 생명들의 고통에 공감하고 있음을 의미한다. 공감한다는 것은 이 모든 비극적인 사건의 원인과 그로 인한 결과까지 인지하고 또 받아들이는 것이다. 남의 일이 아닌 나의 일의 일부가 된다. 그렇기에 "별일 없이 잘" 지낸다는 전언 속에는 무력감이 짙게 깔려 있다. 이런 무력감은 이 모든 사건이 안타깝고 또 공감은 하지만 내가 할 수 있는 일이 없다는 데서 온다. 환경 오염의 심각성, 광신으로 인한 테러, 가난으로 인한 비극 등 원하지는 않지만 이를 바꿀 만한 힘이 없다는 데 대한 반응인 셈이다. 힘은 없지만 말할 수는 있다. 이것이 시를 쓰는 이유이고 또 시를 쓸 수밖에 없다는 고백이 아닐 수 없다.

3.

반어적 언술을 통해 삶의 진실에 다가가는 태도는 일정한 한계가 있기 마련이다. 삶에 대한 비판적 인식과 소소한 깨달음을 보여 주기는 하지만 그 바탕엔 절망감이나 죄책감이 깔려 있다. 그래서 삶의 진실에 가깝게 접근하지 못한다. 시인 역시 이를 잘 알고 있기에 또 다른 시도를 하고 있는데, 이는 말하기가 아닌 보여 주기를 통해서다. 즉 자신의 속엣말을 줄이고 눈앞에 펼쳐진 상황과 사건을 세세하게 재현하는 방식이다. 이런 방식을 통해 구체적인 삶 속으로 들어가 세계 속의 인간은 어떤 존재이고, 또 어떤 역할을 하고 있느냐는 질문을 한다. 다음의 시에 나타난 인간의 모습을 보자.

> 처마 밑 거미가 쳐 놓은
> 끈끈한 덫에 잠자리가 걸려들었다
> 움직일수록 더 말려드는 거미줄에서 도망치려
> 천둥 치듯 온몸을 던져 보지만
> 솜털 같은 거미줄은 오후의 느긋하고 나른한 시간 속으로
> 잠자리를 더 깊게 끌어당기고 있었다
> 달아나 보려 쉬지 않고
> 저 자신의 머리로 수없이 허공을 들이받으며
> 줄을 끊어 내려 필사적이다
> 잠시 미풍에 실려 오는 금목서 향기에 취해 있을 때
> 덫에 걸린 그에겐 얼마나 긴 수치의 시간일까?
> 뜨거운 태양은 거미줄을 조금 더 끌어당긴다
> 투명한 덫에 힘을 잃고
> 치욕스럽게 축 늘어져 내려온다
> 배추흰나비의 날갯짓은 소리없이 오후를 밀어내고
> 마당 귀퉁이 메뚜기도 폴짝폴짝 풀섶을 뛰고 있을 때

고요를 찢듯 울려 퍼지는 풀벌레 울음소리,

먹잇감을 지켜보던 거미가

서서히 움직이기 시작하는데


파란 하늘 하얀 뭉게구름에 포커스를 맞추던 파파라치

시골 빈집을 지나치다

생의 알리바이를 줌인 줌인 담고 있다

— 「속수무책」 전문

  이 시에 등장하는 존재들은 거미, 잠자리, 배추흰나비, 메뚜기, 풀벌레들 그리고 사진을 찍는 인간이다. 이들의 관계 양상을 살펴보자. 우선 거미와 잠자리의 관계는 먹이와 포식자의 관계다. 생존을 위해 먹고 먹히는 관계다. 다음으로 등장하는 배추흰나비와 메뚜기 그리고 풀벌레는 먹고 먹히는 생존의 현장에서 무심하게 살아가는 존재다. 죽음을 맞이한 잠자리의 발버둥을 의식조차 하지 않는다. 그리고 이를 카메라에 담는 인간이 등장한다. 파파라치라고 언명하듯 사건의 전후 맥락은 그의 관심사가 아니다. 오로지 현장을 엿보고 기록하려는 욕망을 지닌 존재다.

  이 세 부류의 존재들의 공통점은 한마디로 무관심, 나의 일에만 집중하고 있다는 사실이다. 이런 관계 설정은 우주적 차원에서 보면 지극히 자연스러운 일이다. 삶과 죽음, 먹고 먹힘의 관계는 자연의 이법에 속하기 때문이다. 생존의 법칙 아래 가해자와 피해자는 없다. 생명의 원리에 따라 살아가는 일에 도덕적 판단이란 어울리지 않는다. 그러나 이 현상에 시인의 인식이 끼어들면서 시의 내용은 우리 삶의 일부가 된다. "잠시 미풍에 실려 오는 금목서 향기에 취해 있을 때/덫에 걸린 그에겐 얼마나 긴 수치의 시간일까?"라는 의문이 그것이다. 어째서 "수치의 시간"인가? 수치심이란 부끄러워하는 마음이다. 무엇이 부끄러운가? 자신의 삶에 대한 통제력을 잃고 무기력한 처지에 놓였다는 사실이다. 마음껏 창공을 날아다닐 수 있는 자신(잠자리)이 한순간의 방심으로 인해 하찮은 존재(거미)의 덫에 걸렸다는 자기 자신에 대한 분노와 회오의 감정이 뒤섞인 부끄러움일 것이다. 문제는 여기서 벗어날 방법이 전혀 없다는 사실이다.

이런 상황이 우리 삶과 극적으로 연결되어 있음은 "고요를 찢듯 울려 퍼지는 풀벌레 울음소리"로 드러난다. 배추흰나비는 느린 날갯짓으로 오후를 밀어내고, 메뚜기는 폴싹폴싹 풀잎 위를 뛰고 있다. 이들은 거미줄에 걸린 잠자리의 치욕과 분노와 절망에 아무런 관심이 없다. 오로지 자신의 삶에 충실하고 있을 뿐이다. 그러나 갑자기 들려오는 풀벌레 울음은 모든 존재들을 한순간으로 집중시킨다. 생의 마지막 순간에 참여하게 하는 것이다. 안타까운 것은 무표정하게 카메라에 "생의 알리바이를 줌인 줌인 담고 있"는 인간이다. 세계와 단절된 존재로서의 인간이다.

인간 존재의 비극성은 인간과 자연 사이에서만 나타나지 않는다. 인간과 인간 사이에서도 마찬가지다. 관계의 파탄으로 인한 폭력성이 그것이다. 서로가 평등한 존재라는 인식은 사라지고 오로지 차별과 배제로 이루어진 관계만 존재하기 때문이다. 특히 물신 숭배가 보편화한 사회에서 지배와 복종의 관계는 우리 일상에 광범위하게 번져 있다는 것이다.

    경비실 게시판 행동 수칙들을 바람이 흔들어 댄다
    허공의 그물에 걸려들지 않게 주의 바랍니다
    거미줄은 높이 제한도 없으니 착오 없으시길
    혹여 집중력을 잃고
    처자식을 등에 업은 날갯짓은 삼가시길

    잠자리 경비원 부산하게 재활용 분리대 캔을 굴리다
    대빗자루에 앉아 붉어질 단풍을 보며 잠시 한숨을 쉬다가
    음식물 쓰레기통의 냄새를 핥다가
    주차 단속 딱지 풀에 발목 붙들려 날개를 파닥거린다

    발코니에서 담배 연기 위층으로 올려 보내지 마라
    집 안에서 애들이 좀 뛰어놀 수도 있다고 말하지 마라
    어둑한 새벽부터 차 빼 달라고 방송하지 마라

제발! 이따위 불합리한 말들은 삼가란 말이오

자신을 옭아매는 그물에 시너를 뿌려
거미집에서 탈출한 죄
바닥을 구르는 자가 감히 날갯짓하며
5층에서 던져 주는 음식 고맙게 받아먹지 않은 죄
휴일 아침 일찍 태극기 게양 안내 방송하며 죄송하다고
하지만 지금은 일어나야 할 시간이라며
입주민들 가르치려 한 죄 엄히 물어야겠소!

아파트 숲 거미들이 실을 뽑아 집을 짓는다
촘촘하게 짜인 수사망에 걸려든 잠자리
허공에 매인 십자가처럼 바람에 흔들리고 있다
　　　　　　　　　　　　　　－「잠자리에게 드리는 경고」 전문

  이 시는 요즘 매스컴에 자주 오르내리는 갑질에 대한 문제를 드러낸다. 대개의 경우, 갑을 관계는 보통 전셋집을 얻을 때나 집을 사고 팔 때, 계약서에서나 나타나는 관계였다. 편의를 위해 서로의 위치와 역할을 구분하는 것에 불과했다. 그러나 어느 시기부터 갑을 관계는 권력관계가 되었다. 힘을 갖고 있거나 유지하려는 쪽과 힘이 없거나 얻으려는 쪽 사이의 위계를 나타내는 말이 되었다.
  이러한 관계는 폭력성을 띠고 있다. 위의 시에서 보듯,

"허공의 그물에 걸려들지 않게 주의 바랍니다"라는 주의와 경고의 내용이 그것이다. 경고란 위반과 동시에 처벌로 이어진다는 명백한 위협이다. 아파트에서 경비원의 역할을 보자. 경비원은 재활용 쓰레기와 음식물 쓰레기를 정리하고, 주차 단속 딱지를 붙이고, 주민들의 민원을 대신 전달하고, 안내 방송을 한다. 이 모두는 공동생활의 편리를 위한 일이다. 그러나 이러한 일들이 입주자인 누군가에겐 하찮거나, 자신을 귀찮게 하는 일이 될 수도 있으리라. 특히 자신의 삶에 간섭한다고 생각하는 순간, 분노한다. 갑의 위치에 선다. 그는 경비원을 고용한 고용주가 되어 경비원의 일상을 감시하는 감시자가 되고, 꼬투리를 잡는 순간 폭력을 행사하는 자가 된다. 그야말로 경비원은 "촘촘하게 짜인 수사망에 걸려든 잠자리" 신세가 되는 것이다. 늘 누군가의 감시 대상으로 살아간다는 것은 푸코식으로 말하자면 '길들여진 몸', 즉 순종하는 몸으로 살아간다는 말이다.

  이러한 갑을 관계에서 경비원은 처지는 "처자식을 등에 업은 날갯짓"처럼 무력하다. 갑의 폭력 앞에 생계의 위협을 느끼는 것이다. 심각한 것은 이런 왜곡된 관계가 우리 사회 전반에 광범위하게 퍼져 있다는 점이다. 마치 21세기의 한국사회가 중세나 고대의 계급사회처럼 퇴행하고 있음을 쉽게 목도할 수 있다. 우리 사회 곳곳에 펼쳐진 상하관계는 철저하게 기득권과 이익을 봉사하고 있다. 시인은 이 관계가 구조화되었고 또 경비원 스스로가 "그물에 걸려들지 않게 주의"하듯 내면화되어 있음을 보여 준다. '거미줄', 즉 처벌의 위협이 을의 내면에까지 침투해 있다. 피해자가 스스로를 감시하는 데까지 이르고 있다는 것이다.

갑을 관계가 유동적인 관계이듯 영원한 '갑'은 없다. 가해자인 입주민도 직장에 출근하는 순간 '을'의 처지가 되듯, 우리는 상황과 조건과 위치에 따라 갑과 을의 처지를 바꿔 가며 산다. 그럼에도 불구하고 이런 관계가 구조화되고, 그 폭력성이 일상화되는 이유는 무엇인가? 모두가 '나'를 중심으로 살기에 타인에 대한 존중과 배려가 없기 때문이다. 이럴 때 누구든 바람에 흔들리는 "허공에 매인 십자가"의 처지가 될 수밖에 없다.


4.

정채경의 시에 나타난 대부분의 인간은 탐욕스럽고 또 비정하다. "사치와 탐욕"에서 자유롭고(「신전」), 타인의 죽음 앞에 하필이면 "왜! 내 집"(「그 후」)에서 죽느냐고 분노하는 존재다. 이런 사람들과 어울려 살면서 절망에 빠진 채 좌절하고만 있는가. 물론 아니다. 정채경 시를 밀고 가는 힘은 비극적인 현실에서도 희망의 끈을 잡고 있다는 데서 나온다. 그런데 그 희망의 끈은 우리가 생각하듯 단순하지 않다. 자칫 오해하면 더 큰 불행을 초래할 수도 있다.

간격을 무시하고 사랑을 한꺼번에 너무 많이 들이켠 당신
여기가 여우각시별인지 어린왕자별인지 구분하지 못하고
UFO에 잘못 탑승한 당신
이 별에서 연애는 습관이고 중독이고 삶이지만
결혼은 고리타분한 선택이라는 것을 모른 채
사랑은 직진이라더니, 결국
제 자리로 돌아와
탈진으로 몸을 떠는 당신

사랑의 구성 성분에 대해 무지한 당신
사랑은 용법, 용량이 정해져 있지 않으니
복용 시 주의 바랍니다

— 「사랑 복용 시 주의사항 2」 전문

 이 시를 찬찬히 들여다보면 사랑의 정의에 대한 질문이 내포되어 있음을 눈치채게 된다. 시의 표면에 나타난 "사랑"의 속성과 결과를 보자. 사랑에 빠지면서 "여기가 여우각시별인지 어린왕자별인지 구분하지 못하고", "연애는 습관이고 중독이고 삶이지만/결혼은 고리타분한 선택이라는 것을 모른 채", "탈진으로 몸을 떠는 당신"이 있다. 한마디로 어설프게 사랑에 빠지면 사리 분별을 잃고 결국 비참해진다는 것이다. 어째서 사랑에 빠지면 불행해진다는 것

인가? 시인이 말하듯 "사랑의 구성 성분에 대해 무지"해서 그런 것인가? 사랑의 구성 성분은 무엇인가? 질문에 질문이 이어진다. 그렇다면 시인이 보여 준 사랑 이후의 증상부터 살펴볼 일이다. 첫째, 사랑에 빠지는 순간 사리 분별을 못한다. 둘째, 연애만이 최고의 가치이다. 셋째, 탈진에 이르게 된다. 이유는 명백하다. 사랑의 성격이 타자 중심이 아닌, 자기중심적이었기 때문이다. 이런 사랑은 언제나 나를 향해 있다. 내 안으로 타자를 끌어들이려 하기에 나는 과장되고 때론 거짓된 상태로 나타날 수밖에 없다. 그렇기에 "직진", 즉 일방적으로 에너지를 쏟아붓고 드디어는 탈진에 이르게 된다.

시인은 '사랑'이 지닌 오해와 위험성을 반어에 가깝게 독자에게 제시한다. 시인이 말하고자 하는 사랑은 내가 아닌 타자 중심으로 이루어져 있다. 나를 비워 놓고, 비운 자리에 상대방을 채우는 일이다. 비움의 크기가 사랑의 크기이다. 그렇기에 나와 같기를 고집하지 않는다. 나와 다름을 인정하고, 받아들이고, 상대방의 처지에서 나를 생각하자는 것이니 탈진까지 할 이유가 전혀 없다. 시인이 "사랑은 용법, 용량이 정해져 있지 않"다고 하듯, 스스로 깨달을 수밖에 없다. 그리고 그 깨달음의 내용은 거창하거나 요란스럽지 않다.

①

　창밖의 뜬구름을 향해 벌은 머리를 힘껏 부딪치며

　또 다른 출구를 두드리고 있다

　활짝 핀 아카시아꽃을 찾아 날아갈 수 있게

　가만히 방충망을 열어 준다

- 「두드려라 더 세차게」 4연


②

　새벽에만 볼 수 있는 다리 저는 아저씨와 난쟁이 아줌마가 신문을 싣고 수레를 끈다 짧은 아줌마의 다리에 뿌리내리려 아저씨는 안간힘을 쓴다 서로 버릴 수 없는 운명의 수레를 끌고 절뚝거리며 종종걸음친다

- 「입춘」 4연

　위의 인용 시편들은 시인이 조심스럽게 꺼내 놓은 사랑의 참모습을 보여 준다. ①에서 시인은 "사각의 전등 속에서" 겨우 탈출한 벌 한 마리가 방충망이라는 또 다른 장애물 앞에서 허우적거리는 것을 본다. "머리를 힘껏 부딪치며" 출구를 찾는 벌을 보고 가만히 방충망을 열어 준다. ②는 장애를 지닌 부부의 모습을 보여 준다. 이른 새벽, 부부는 서로에게 의지하며 폐지를 싣고 간다. 위태롭다. 그러나 서로에게 의지하며 생을 이어 가는 모습에서 한 줄기 희망을 본다. 그렇기에 불행한 "운명의 수레"를 끌고 가

지만 우울한 풍경은 아니다. 서로의 처지를 바꿔서 생각하고, 서로의 빈 구석을 채워 가는 것이 사랑이 아니냐는 것이다. 아주 평범하고 단편적인 모습이지만 그 파장이 만만치 않다. 평범조차 비범해진 오늘의 현실이 더 아프게 다가오기 때문이다.

 정채경 시인에게 있어 사랑은 황폐한 세계를 견디는 힘이다. 돈의 가치가 삶을 지배하고, 모든 것이 상품화한 오늘의 삶에 도덕이나 윤리가 뒷전으로 밀린 것은 어제 오늘의 일이 아니다. "사치와 탐욕과 분수에서 자유"(「신전」)로운 삶 속에서 도덕적 규범은 잊힌 지 오래다. 내 것을 지키려는 폭력성 앞에 타자에 대한 관심이나 배려가 들어설 여유가 없다. 우리네 삶은 더 쓸쓸하고 황폐해질 수밖에 없다. 이런 상황에서 벗어날 수 있는 길은 관계를 회복하는 일이다. 즉 나를 중심으로 이루어진 삶에 조그마한 틈을 만들자는 것이다. 그 틈으로 타자의 삶을 들여다보고 때론 곁을 내주면서 다시 시작하자는 것이다. 이렇듯 사랑을 실천하는 일은 거창하지 않다. 존재와 존재 사이 "열리지 않는 문을"(「호모 사피엔스」) 계속해서 두드리는 일이다. 달리 말하면, 당연하게 보이거나 받아들이는 것에 대해 시비를 거는 일이다. 시비를 가리기 위해 질문해야 한다. 이 질문이야말로 훼손되기 이전의 삶을 꿈꾸고 회복하는 유일한 길이라는 점에서다. 암울한 세계를 벗어나기 위한 시인의 안타까운 노력이 어떻게 변해 갈지 함께 지켜볼 일이다.

**별일 없다고 대답했다**

초판1쇄 찍은 날 | 2021년 11월 12일
초판1쇄 펴낸 날 | 2021년 11월 22일

지은이 | 정채경
펴낸이 | 송광룡
펴낸곳 | 문학들
등록 | 2005년 8월 24일 제2005 1-2호
주소 | 61489 광주광역시 동구 천변우로 487(학동) 2층
전화 | 062-651-6968
팩스 | 062-651-9690
전자우편 | munhakdle@hanmail.net
블로그 | blog.naver.com/munhakdlesimmian

ⓒ 정채경 2021
ISBN 979-11-91277-27-2 03810

- 잘못된 책은 바꿔드립니다.
- 이 책 내용의 전부 또는 일부를 재사용하려면
  반드시 저작권자와 문학들의 동의를 받아야 합니다.
- 책값은 뒤표지에 표시되어 있습니다.
- 이 책은 **문화재단**의 2021년도 지역문화예술특성화지원사업의
  지원을 받아 발간되었습니다.